고독과 그리움의 나그네
전규태 세계여행 시화집

너를 사랑해도 되겠니

풍경화 속의 꿈꾸는 연정

서문당

책을 내면서

  우리는 어떤 사물을 보고 아름답다고 느끼기도 하고 그렇지 않다고도 한다. 그러한 느낌이나 생각을 흔히 미적 감각, 또는 미적 경험이라고도 말한다.

  나는 미술 세계에 관심을 갖게 되면서부터 그와 같은 감정이나 경험을 받쳐주는 것이 과연 무엇일까에 대해 골똘히 생각해 왔다.

  나는 전문적인 미술가는 아니지만 한때 화가 지망생이었던 관계로 전공인 문학에 열중해 오면서도 늘 미술에 대한 향수를 떨쳐버릴 수가 없었다. 그래서 국내는 물론 세계의 화랑가를 자주 기웃거리기도 하고 <신미술회>에 참여하여 일요일이면 야외에 나가 사생을 즐기기도 했으며, <대한미술원>에 가입하여 본격적인 미술활동을 하기도 했다. 그리고 틈만 나면 세계의 유명 미술관을 찾아 명작을 감상하는 것을 큰 낙으로 여기며 살고 있다.

  뛰어난 미술 작품을 보고 큰 감동을 느꼈을 때 향수자의 삶

은 심오한 의미로 충족 된다. 그때 그 사람의 삶은 크게 충만 될 뿐 아니라 그런 미적 체험을 통하여 한층 더 사물을 보는 눈이 달라지게 된다.

나는 40여 년 전부터 무료의 소견책으로 그림을 그리기 시작했는데 이제는 그리지 않을 수 없는 강렬한 습성으로 바뀌어 버렸다. 누가 나더러 왜 그림을 그리느냐, 시를 쓰느냐고 묻는다면 당신은 왜 사느냐고 반문할 것이다.

10년 여 전 치명적인 지병(췌장암)으로 대수술을 받은 후, 재발을 막기 위해 선진 의료계를 전전하면서 요양생활을 해왔다. 내가 이제껏 목숨을 이어오고 있는 건, 아마도 그동안에 "생각의 자락을 놓고 자연을 벗 삼아" 세계를 유랑하면서 시와 그림 그리기를 게을리 하지 않았던 때문이 아닐까 하는 생각마저 든다.

나는 이제 재물도 명예도 바라지 않는다. 죽음을 두려워하지

도 않을 것이다. 다만 자유롭고 싶다. 자연태의 삶으로 돌아가고 싶다. 죽음이 문을 두드릴 때까지 붓을 놓지 않은 채로…….

그동안에 작업해온 시와 그림 중, 최석로 사장의 권유로 서로 어울리는 것들을 한데 모아 시화집을 엮어 보았다. "미를 추구하는 것은 즐거움을 추구하는 것"이며 "행복의 약속"이라고 한 스탕달의 말을 새삼 생각하게 된다.

출판이 어려운 시기에 제작비가 많이 드는 책을 내주신 최석로 사장께 깊은 감사를 드린다.

2009년 3월

겸재 전규태

차례

제1부 꿈은 파도를 넘어 / 9

여행은 / 11
여정은 연정인가 / 12
사원 그리고 히스테리아 / 15
바르셀로나의 여인 / 17
히스테리아 시베리아카* / 18
스틴슨 해변 / 19
뉴욕 모색(暮色) / 21
허드슨 그 흐름을 따라 / 22
브로드웨이의 새벽 / 24
시드니 하버에서 / 25
템즈 강변에서 / 27
도버 해협 / 28
킹스 크로스에서 / 31
자카란다의 바다 / 33
캔베라의 목각 인형 / 34
퀸스랜드에서 / 36
미라보의 다리 / 39
몽마르트르의 바람결 / 40
남 프랑스 완행열차 / 43
노랑머리 소녀 / 44

라인 와인 / 45
헤세의 고향에서 / 47
베네치아 1 / 48
베네치아 2 / 49
베네치아 3 / 51
베네치아 4 / 52
베네치아 5 / 55
로마 박물관에서 / 56
융프라우의 아침 / 59
알프스의 꽃 / 60
안데스에서 / 62
캐나다의 한촌(寒村) / 65
타히티의 고혹 / 66
아라비아의 장터 / 69
디티카카에서* / 70
아스테카 피라밋 / 73
정월의 강 리오 풍경 / 74
방콕 효사(曉寺) / 77
리스본에서 / 78
크리스마스 마을 / 80

제2부 뉘 기다리는 그리움일까 / 83

나루 / 85
아침 강 / 86
봄 내 / 87
기다림 / 88
석류 / 90
비둘기 / 91
흰 소금 되리라 / 92
고궁에서 / 93
눈오는 날에 / 95
선율 / 96
황혼 / 99
꽃밭을 보며 / 100
전철 / 103
최후의 만찬 / 105
가을 여정(旅情) / 106
하이힐 / 108
그리움 / 109
꽃 / 110
석탑 / 111
생각의 자락을 놓고 / 113

봉정암 / 114
내장사 홍엽 / 115
연가 / 116
원초에의 동경 / 117
알 / 118
마음의 시계 / 121
혼자일 뿐 / 122
들국화 / 124
소망 / 125
동화속 집 / 127
가을이 지나가는 아침에 / 128
선 / 131
안개비 / 132
님에의 상념 / 133
고향의 달밤 / 134
아이스크림 / 135
눈 / 137
광한루 / 138
산수 / 139
고향길 / 140
만남 / 143

제1부 꿈은 파도를 넘어

여행은

낯선 이역의 거리 거리
넘실거리는 뭇 인종들의 붐빔
역사의 앙금 깔린 고적과 유물
그 모두가 나를 설레게 한다

흥분과 호기심에 견디다 못해
혼자서 외로운 나그네가 되어
불안 속에서도 뭔지 모를 동경과 기다림
진절머리 나게 살아왔던 여항을 떠나
홀가분해지는 해방감
부담스런 일상과의 결별
미묘한 감정의 쾌감

여행은
또 하나의 나를
찾는 길이다.

　　　　　－도쿄 긴자에서

여정은 연정인가

사랑의 추억은
다시 돌아오지 못할 그리움
여행은 매몰된 추억을 되파헤치는 준엄함

스스로를 둘러싼
숱한 선의와 악의
오해와 계산을 느낀다

언젠가는
다시 삶의 여항으로
되돌아오게 마련이지만
등대 저 너머 추억을 찾아
사람들은 또 나선다

여정(旅情)은 연정(戀情)인가.

사원 그리고 히스테리아

사람들이 붐비지만
기다리는 사람은 오지 않는다
코리안 타임보다 심하구나
에라스티고 아푼다멘토에 지친 히스테리아

피아세타 테라스에서
먼 데를 바라본다
싼타 카아라 사원 너머
멀리 멀리 더 더욱 더 멀리

사람은 오지 않고
마음이 돌아왔다
풍경이 지척인 듯 잡히는 사원.

바르셀로나의 여인

화사한 분홍빛 드레스에
균형 잡힌 몸매, 짜릿한 맵시,
육중한 박물관…… 세실로즈 상
마로니에 우거진 공원
여인의 얼굴이… 귀가… 머리카락이
내 몸에 닿을 듯 다가온다
머리카락이 흩날릴 때마다
그윽한 향내가 나를 괴롭힌다
카타르냐 광장, 호세 안토니오 거리, 마
라미즈 전망대…
호들갑스럽게 지껄여대던 그 여인!
지금 내 기억에 남는 건
보이 프렌드의 오토바이를 타고
황급히 떠나버린 그 뒷모습 뿐.

히스테리아 시베리아카*

풍경이 흑백으로 바뀐다
창졸간의 황량한 변화다
베레모 쓴 문지기도 안보이고
호텔 프론트의 벨 보이도 없다
투숙객도 없는 텅빈 공간
핵폭탄이?… SARS가?
바깥으로 뛰쳐나왔지만
그 많던 택시도 몰이꾼도 안보이고
오페라 극장도 정원도 분수도 단색이다
금속질의 고독감, 무력감
짧지만 기나긴 공백
기묘한 요기(妖氣), 광기
오싹한 검은 실루엣이 엄습한다.

*황야병 – 주로 여행 중에 걸리는 정신질환

스틴슨 해변

북해에서 밀려오는
한류(寒流) 탓으로
말 뿐인 해수욕장이다
한 여름은 다 가버렸고
먼 곳에 서서
마지막 남긴 당신의 말처럼
파도는 소용돌이치고 있는데
당신의 흰빛 그림자는 더욱 영롱하구나
바다는 멀어져 버렸지만
당신은 더 멀리 내 가슴 속에 있다.
> 샌프란시스코의 스틴슨 해수욕장은 여름
> 에도 물이 차서 해수욕을 하기 힘들다

너를 사랑해도 되겠니

뉴욕 모색(暮色)
- 시인과 소녀

"당신은 어떤 별에서 태어났죠?
 아마 내겐 안 보이는 별, 당신 눈에만 영롱히 비치는 별일테죠"

저녁나절… 초여름의 센추럴 파크 언저리
대기가 사뭇 맑다 못해 창취하고
드높은 건물과 건물 사이
벌써 해는 저물었는데
그 해가 다시 뜨리란 건 믿기도 어려워진다
소녀여, 내가 태어난 별은 지금 훨훨 타고 있단다
그래서 내 눈의 호수엔 재가 가득하지
무척이나 차갑게 보이는 잿더미란다

"당신의 마음은 무슨 빛깔일까?
마천루 상공의 노을빛일까?".

허드슨 그 흐름을 따라

유람선을 따라
허드슨이 흘러가고 있다
바람이 세찬 갑판 위에 서 있는 건
그이와 나

엊그제 뉴욕 브로드웨이에서 본
영화 <죽은 자>가 머리에 떠오른다
그이가 꿀 먹은 벙어리 모양이 된 건?
어쩌면 <죽은 자>와도 같은 상태에 있는 걸까
아니면 나야말로 이미 <죽은 자>가 되어
말할 수 없게 된 거나 아닐까
아니, 난 분명히 살아 있다
풍파의 소요도, 엔진의 울림도
이 귀로 또렷이 듣고 있나
세찬 바람에 휩쓸려 갔는지… 뭔지 모를 불안, 초초
시커먼 연기와 함께 어디로 사라졌는지
그이의 모습이 안 보인다
"선장, 도대체 어디로 가는 거요?"
"당신이 선장 아니요?"…
"그래?".

브로드웨이의 새벽

새벽인데도 대낮 같은 브로드웨이는 흥겹다
초미니 스커트, 궁둥이가 짝붙은 청바지
앞가슴이 다 들여다 보이는 드레스를 걸친 스트릿 걸
흑인, 메스티조들이 큰소리로 호객 한다
어슬렁거리기는 하지만 당당히 대로를 활보 한다
맥 빠진 처량한 걸음걸이가 아니라 자신만만한 행보다
저마다 뭔지 알아듣지 못할 소리로 수작을 걸어오지만
고개를 저으며 군소리 않고 비켜선다
때로는 노래도 부르면서 이 직업을 즐기고 있어 뵌다
요행히 걸려들면 '님도 따고 뽕도 따는' 셈인가
장난기 섞인 일종의 무료한 소견책 인가.

시드니 하버에서

하버 브리지… 그리고
오페라 하우스를 바로 이웃한
식물원의 잿빛 담장을 따라
돛단배가
비바람을 비켜 간다

일렁이는 파도가 다리를 쳐들게 한다
담장 너머 한껏 뻗친 검나무 숲을
깡마른 파도의 혓바닥이 조롱하고 있다.

템즈 강변에서

안개 낀 템즈 강변
비비안 리가 되살아 날듯 한
〈애수〉의 워털루 브리지
올연한 국회의사당
장중한 웨스트 민스트터 사원
그 장엄한 빅 벨벵 소리
자욱한 안개에 몽롱한 새벽 강을
때때옷처럼 몸에 걸쳐본다
배, 다리, 그리고 탑이
아스라한 강줄기를 따라
활짝 열리고, 연기 없는 대기 속에서
모두가 찬연히 빛난다
새빨간 차 한 대가
강물을 향해 쏜살같이 달려간다.

도버 해협

"헤엄쳐 건넜다. 저 단애(斷崖)를 뛰어내려 도버 해협을 ......"
아침 뉴스를 들으며
미스터 브라운은 놀랐다

"그 사람의 백분의 일 마력이라도 당신에게 있다면 얼마나 좋을까?"

브라운 부인은 모닝커피를
깡마른 남편에게 권하며 푸념 한다
브라운 씨는 잠자코 일어나서 회사로 직행

이튿날 아침녘
며느리는 문득 어제 아침 생각이 떠올랐다
"아버님 도버 해협이란 무어죠?"
"글쎄, 그건……뭐라고나 할까……
낭떠러지를 뛰어 내리는 날램
아니면 크고 먹음직스런, 빵 부스러기".

너를 사랑해도 되겠니

킹스 크로스에서

해 저문 킹스 크로스는
벌써 네온으로 눈부시다 마천루 사잇길
으슥한 골목길에는   No Entry……!
녹슨 팻말이 어설프게 붙어 있다
미성년자의 접근을 금지하는

검은 모자를 쓴 유녀의 시선을 피하며
지나쳐 온 곳을 또 지나쳐
저무는 길목을 따라
간다. 선술집을 찾아
비를 머금은 요녀들은 의미 있는 듯이
깰깰댄다
짓궂은 비에 다리가 잡혔다
축축이 젖어, 요란한 술집에는
안 들리는 사어(私語)에 주름이 잡혔다
덤벼드는 나녀를 뿌리치고
나는 나목으로 서 있다
남십자성을 바라보는 눈은
불길처럼 너울댄다
희뿌연 앞가슴을 내밀고
흐트러진 여인의 널름거리는
혓바닥이 킹스 크로스를 핥는다
나를 핥는다.

자카란다의 바다

어제와 내일, 오늘과 옛 것이
함께하는 피셔 서가에서
하루를 보내고 나면
시드니는 온통 자카란다의 보랏빛 바다

한 포기 풀잎에 와 닿는
이 바람의 뜻은 잘 모르지만
윌리엄 로선의 〈목어〉라도 타고
천년쯤 살아볼까

하루 내내 무한한 우주와
빛나는 영혼을 가름하며
내일은 빛 고운 한 마리 새가 되어
북녘 고향으로
훨훨 날아가리라.

-시드니 대학 피셔 도서관 앞에서

캔베라의 목각 인형

'영욕을 떨치고
이역만리에 와 살면서
고작 깨달은 것은
사람이 삶을 이어갈 수 있는 건
고뇌와 망각이 있기 때문이라는 것'

캔베라 길 한 모서리에 떨어진
빨간 목각 인형이
진흙 바퀴로 짓이겨지기까지엔
아직 몇 초는 남았다
조그마한 그 마음은 뭘 바라고 있을까…
살해당할 자는 청정(淸淨)하다
피 흘리고 있는 손가락은 바르다

고향을
물끄러미 그리면서
올 떠난 자의 눈은
뜨겁고 또 차다.

퀸스랜드에서

사랑을 꿈꾸다가
행복을 느꼈을 때
그게 뭔가를 생각다 보면
불행해지는 때가 있다

소금저린 골드 코스트의 환영(幻影)이
수평선 너머 뭉게구름 되어
문득문득 피어 오른다
추억은 불수의근인가…

온 우주가 내 영토 속에 녹아버린
인디언 써머의 짧은 해후가
긴 여운을 남긴다

퀸스랜드에 다시 찾아와
기억의 이삭을 프리즘으로 반추하다
노을 묻은 구름 되어 그와 하나 된다

꿈꿀 때는 뿌리 뻗지만
깨어나면 존재의 가벼움을 느낀다.

미라보의 다리

세느 강물 위를
당신은 달려온다

환영(幻影)인 줄 알면서도
가슴 두근거리며
팔을 활짝 벌려본다

금시
푸른 물결 사이로
다시 사라져버린 당신
찰나간의 만남이다

아폴리네르의 '미라보의 다리'는
당신과 내 마음을
노래 한 것일까…

붉게 물든 황혼의 다리 위
은은히 들려오는
노트르담 사원의 종소리.

몽마르트르의 바람결

나무들이 쓸려서
울부짖는 파리 북녘
어설피 서성이는
바람소리 가여워
잊으려 피한 시선은
거리의 카페에 박혔다

몸부림쳐 쏟아놓은
그림움이 외로워
잿빛 하늘 떠돌며
소리로 변하여서
잊은 듯 막혀버리는
뭇 벌레의 스침이…

역사가 침전된
몽마르트르의 이 앙금
찾은 듯 헤매이는
바람소리 가여워
잊으려 피한 시선은 또
소리벽에 막혔다.

제1부 꿈은 파도를 넘어

남 프랑스 완행열차

TGB보다는 정겨운 완행열차 안에서는
점심시간이 더욱 정겹다

왁자지껄 나누는 푸짐한 먹거리
부르고뉴의 그레이트 치즈
프로방스의 삼겹살
산호세의 버터튀김에
르노의 적포도주마저 들이키고 나면
윗도리를 제키고 브레져 끈을 늦추면
불그스레 물드는 화제로 말문이 열린다

혀꼬부러진 부르고뉴 말
단조로운 리용 말
요란한 프로방스 말
사투리가 교직되어
귀가 즐겁다
눈이 즐겁다.

노랑머리 소녀

꽃을 유난히도 좋아하는
너무두 애 띈 소녀티니는
노랑머리 그녀가 하도 그리워
떠나면 잊으리라
만 리 하늘 날아와
이제는 그만이다
한시름 놓았더니
절절이 에이는 마음 살 속조차 아리다.

라인 와인

붉은 와인 속에
가득한 당신의 슬픔

하얀 와인 속에
떠오르는 당신의 외로움

라인 강변 한 모서리
쓸쓸히 서성이며
뭘 마실까, 내 사랑

내 슬픔도 외로움도
그대 잔속에 부어
뜨거운 입술에 적셔보나니….

헤세의 고향에서

헨젤과 그레텔의
'매직 숲' 속에서
길을 잃었다
이윽고 그 숲 자이로 '윗치 하우스'가……
어둠 속에 명멸하는 '발트 호른'
돌다리 건너 후미진 언덕 길 너머
광장에선 시냇물 소리와 버무려져
마을 노인들의 합창이 구성지다
'한스 소년'의 아버지가 춤도 춘다

헤세의 고향 오지 마을을
다시 찾지는 못하리라
아니 찾지 않으리라
여행의 맛이란 그런 일회성
아니 그런 환상성이다
여행이란
첫 번째는 비극
두 번째는 희극이다.

베네치아 1

뭔가 숨기고 있는 운하를 따라
내 구두 소리만이 고요를 깨는
밤거리를 휘돌다가
<탄식의 다리> 위에서 물소리에 놀란다

믿을 수 없는 미인의 비밀을
캐내지는 못했지만
쥐죽은 듯 침묵한 창문과
내 마음하고만 얘기를 나누고 발길을 돌린다.

너를 사랑해도 되겠니

베네치아 2

지중해가 우리 바다였던
르네상스 시대를 지나
내리막길을 걸어는 왔지만
알피노니, 마르첼로
그리고 비발디를 들으면서
성 마르코 사원으로 향하다보면

이 영감의 고장에 감추어진 우수(憂愁)를
이제 조금은 알 것만 같다.

베네치아 3

휘어진 레아르또 다리 난간에 기대어
두 아낙이 희희덕거린다
"네 첫 남편은 널더러 뭐랬지?"
"네 앞에 서면 벌거벗은 것 같다구…"
"용기 없는 사내로고, 그래 둘째는?"
"얘기할 땐 꼭 눈을 보래…"
"몹시 시달렸겠군, 그래 지금 녀석은?"
"넌 내가 없으면 아무것도 못하니…"
"이제 넌 레아르또년이 됐군 그래?"

베네치아 4

운하 위로 눈이 소복이 내려앉아마자
크림 되어 녹아버린다

잿빛 석벽
하얀 눈발
검푸른 물줄기
그 속을 비집고
곤도라가 미끄러진다

겨울철
베네치아는 슬퍼서 아름답다.

베네치아 5
-달밤의 멜로디

가만히 눈감으면
기도하듯 손 모아
살그머니 달빛 바다 물에
가라앉고 싶은 심정

아니면
언제 어느 때라도
그렇게 할 수 있을 것만 같은 심정

찰랑찰랑
운하의 물소리 들으며
베네치안 그리스 메이커를 만나
들어본 아름답게 잠기는 거친 숨결

영광을 받드는 사람의 꿈
소년 타치오를 부르는 소리
달밤의 멜로디

로마 박물관에서

영원한 도시, 아니 불멸의 유녀(遊女)
도무지 믿을 수 없는 미녀
하지만 사랑하지 않을 수 없는 도시
애써 무엇 하나 만들어내지 못하지만
부양하는 사내를 편안케 해주는
알뜰하고 아름다운 미녀, 로마
이젠 제법 나이도 들었지만
제멋대로의 여인 로마
자유분방한 채 영원히 사내 마음을 사로잡는
그런 매혹의 도시 로마
도시 전체가 박물관이지만
막상 박물관에 들려보면
이 도시의 참맛과 멋을 안다.

너를 사랑해도 되겠니

융프라우의 아침

찬란한 이 아침을
불러낸 융프라우
별빛도 수줍어서
사르르 눈감으면
살포시 내려앉은 눈 밑에
화사하게 핀 에델바이스

새하얀 눈길에는
다소곳한 꿈이 서려
먼 숲 속 여울 소리
아롱져 속삭이면
저 멀리 들리는 야호
여수(旅愁) 한껏 자아낸다.

-융프라우 산록 마을 그륀델발트에서

알프스의 꽃

너는 떠나간 채 안돌아오는구나
너와 푸른 하늘 사이에는
크나큰 눈지붕만이 올연하다
구름과 안개
비바람과 눈보라
눈사태 소리를 머금은 호수
너 홀로 봄을 맞는다

청정한 세계
너는 새촘스런 미소
고향의 추억

깡그리 얼어붙은
저 알프스의 눈밭
너의 새하얀 살갗이
저 차가운 달빛으로 하여
행여 아프지나 않을지….

안데스에서

당신에게 꼭 보여주고 싶군요
내가 즐기는 이 능선의 아름다움을
내가 머물렀던 잉카의 신비를
내가 보낸 하루를
이 새콤한 음식 맛을

당신에게 꼭 보내고 싶군요
향내 그윽한 이름 모를 들꽃
안데스의 새하얀 눈
해맑은 저 하늘
찬란한 잉카의 태양
그리고
당신 그리는 이 마음을….

캐나다의 한촌(寒村)

이런 곳에 왜
이런 마을의 이름이 있을까?
어렸을 적 새 지도를 펴들고
우연히 찾았던 이 조그마한 어 도시, 처칠

지붕이 비스듬히 기운 첨탑교회
눈여겨보던 숱한 지역의 한 고장에
나는 지금 와 있다

하드슨 만의 물은 차갑고 맑다
그린랜드를 스쳐 부딪혀 깨져오는 어름덩이
어린 시절에 숭배했던 처칠
캐나다의 그 외딴 마을 처칠.

타이티의 고혹

'오쓰이 쓰이 탓우 마파쓰'*
타이티 아가씨의
부풀은 가슴이 탐스러워
매끈한 고혹(蠱惑) 속에 수줍음의 포물선
눈으로 쓰다듬어도 보드라운 그 촉감

사뿐히 고개 숙인 수선화 꽃 자락이
무형(無形)의 물방울도 수정마냥 구슬 되는
살결엔 바닷가 햇살마자 그림자를 잃누나

선악과(善惡果) 따먹은 큰 허물보다는
그 어느 긴 한숨이 에워싸는 동정(童貞)
티 없이 아름다운 천성 알뜰한 사랑이여

먼 옛날 까마득한 태고적 요술이
이브의 깊푸른 심장을 꼬여내어
부끄럼 간직하게 된
불끈한 저 유방
그 그늘은
사랑을 먹음은 '노아 노아'** 무게가 있다.

* '나의 탱탱한 젖가슴이 뛴다' 라는 뜻의 타이티어
** '향내 그윽한' 의 뜻

너를 사랑해도 되겠니

아라비아의 장터

삭삭기 세모래알
그 하나하나가
등을 맞대면서
서로 엉켜있다

아라비아의 장터는 인종전시장인가
제각기 뭔가
소리를 지르고 있지만
멀리서보면
커다란 화포(畵布) 속에 담긴
얌전한 그림이다

십자군에 짓밟힌 오랜 한(恨)
쇠사슬 자욱,
경사면에 서 있는 듯한 사내와 계집,
〈쇠사슬 풀린 프로메테우스일까…〉

축 늘어진 하늘 아래
비를 몰고 오는 열풍 속에
후미진 모래밭을 걸어 온 저 둘은
되돌아갈 생각이 없어 보인다.

티티카카에서*

너무 푸르구나 너무 붉구나
너무 아름다워서 저녁놀이 슬프구나
잉카가 잠든 티티카카 호심(湖心)을
나룻배가 옛 영화를 가르는데
무표정한 저 사공은 무엇을 생각하고 있을까

깡마른 고랭지 마을에 내린 인디오 아낙들은
호들갑을 떠는데
홀로 남은 나는 매캐한 모닥불 냄새에 취해
하늘 허리에 걸려 익어가는 석양과 벗하여
건너온 호수를 바라보며 내일을 꿈꾼다

호수에 비치는 현재
수면에 뜨는 미래.

*남미 볼리비아와 페루 사이에 있는 세계에서 가장
고지에 자리한 호수

아스테카 피라밋

사보텐 잎 사이로
돌아오는 바람결에
아스테카 옛 천년이
일월처럼 고이 괴여서
피라밋 올연한 곳에
인디오 손길 아직 다습다

고요론 둘레 안
돌층계 층계마다
솟구쳐 피어오른
푸른 꿈을 다스리며
가슴속 영원을 향해
펼쳐보는 태양신

몸과 맘 다 바친
열망의 정점에서
피보다 짙게 엉킨
열화의 그 숨결이
돌무덤 깊이 적시며
영원으로 흐른다.

정월의 강 리오 풍경

레몬을 세운 듯이 새콤한 산 그늘이
누우런 과즙 되어 흐르는 강물에
뭉게구름을 적셔본다

빌딩 위에 웅크려 심술부리는 뭉게구름
거리를 누비는 손…
아름다운 영혼의 한웅큼을 쥐어 잡은 강
〈신은 엿새 동안 이 세상을 만들었고 이렛날에 이 리오를 만들었나?〉

코코바도, 보타니칼 정원, 코파카바나, 아파네 해변…

유리창과 새하얀 벽면을 스치는
따가운 볕살 속에 눈부신 '정월의 강'

정돈된 강변에 간지런 건물들이 물결친다
그 지표 밑에 짓눌린 비참
"그건 머리의 장난이에요"
열대어 척추 속의 태양 그 밑에 파르스름한 강줄기.

방콕 효사(曉寺)

차오프라야 강반(江畔)
비취빛 하늘 아래
우뚝 솟은 와트아른
정성스레 비는 마음
침전된 그 높고 깊은
아픔인들 오죽하리

송송이 고운 춤 펴
수놓던 열 손가락
수틀에 놓아볼까
야자그늘에 맺힌 바램
설운 잎 두둥실 이룬
눈썹마냥 저렇게…

본시에 타고난 삶
한탄한들 어이하리
물젖은 탑 긴 목울음
이 아침도 밝아오는데
찬연한 햇살에 젖어
우뚝 솟은 황금탑.

리스본에서

사람들이 중얼대는
어둠 컴컴한 카페에서
멀리 있을 뭔가를 동경 한다

끝자락에 앉아
대서양 너머 저만치 있을
미지의 대륙이 궁겁다
눈에 닿지 않아 어쩌지 못하는
이 아쉬움
이 안타까움

애타게 설레는 이 내 마음을
누군가 달래 줄 수는 없을까?

제1부 꿈은 파도를 넘어

크리스마스 마을

온누리의 성탄절은
강림절에 휘황한 촛불로 비롯되어
공현절 마지막 날엔 과자 부스러기로 끝나지만
가을, 겨울, 그리고 봄, 여름 할 것 없이
자이펜* 마을은 축제로 지샌다

고장의 주제는 오직 크리스마스
숫되고 아득한 시린 누발이
축제의 마을에 묻어와 어두운 뜰악엔
조촐한 불빛으로 서리고 설레이면
작센 에르르 숲의 고요로운 태동이
이적(異蹟)처럼 밀려 온다

소담한 산과일 내음 뿌리며 오실
아 면류관, 당신의 길목 찾아 나서면
자이펜은 오로지 당신 찾는 거룩한 소리로
내 내 가득하다

> *독일과 체코 국경 고산지대에 위치한 이 '크리스마스 마을'은 성탄의 즐거운 분위기가 일년 내내 감도는 특이한 소도시.

제2부 뉘 기다리는 그리움일까

나루

소나기 묻어온 풀벌레의 가녈핀 노래에
못내 망울져 흔들림에 타는 푸른 숨결
오늘도 고요한 파문은 기슭으로 밀려온다

짙푸른 강물 그 잔잔한 수면 위로
부딪쳐 물살지는 꽃의파리 이파리
끝모를 수심을 따라 면면히 뱃노래는 흘러왔거니

어느 태초부터 조용히 침전한 향수
천길 한결같은 마음을랑 푸르게 깔고서
누구를 보낸 설움일까 뉘 기다리는 그리움일까……

아침 강

가팔막 깎아내린
회억의 산중에

세월 따라 굴러온
향수에 젖은 몸

나렷한
아침 햇살에
돌밭, 숲길 헤치며
고요히 흐른다.

봄 내

봄 내(川)에 띄운 시(詩)는
님을 찾아 가는 것가

움트는 젖몽우리
꽃들조차 숨가쁜데
아직도 파릇한 가지 위
눈발에 바쁜 마음.

계류에 솟는 가슴에
여윈 몸을 던진다.

기다림

여짓여짓 말못하고
봄빛 배어 여문 다삼
멀리도 피어 있어
벼름벼름 하다보니
아련히 피어만 오르는
잡지 못할 기쁨 일레.

하많은 사연들을
안으로 사리어서
숲처럼 차오르는
정으로 새겨두어
언젠가 가슴 가누며
파란 빛으로 피우네.

제2부 뉘 기다리는 그리움일까

석류

바라만 보아도 가슴에 번져오는
벌겋게 타는 정염(情炎) 울음이 줄잡아 선
영롱히 구슬 맺혀진 신비의 꿈들이여.

우리들 잉깔려진 목숨들을 향하여서
제 한몸 불태우며 영글어 가는 씨알
녹슬어 메마른 가슴에 빛살처럼 박혀오다.

한 알 또 한 알 매 시각 익어가며
마지막 단 맛으로 터져 나는 석류알
싱싱히 번지는 향기 물살마냥 출렁인다.

너를 사랑해도 되겠니

비둘기

무지개 빛
하늘 아래
연꽃 쥔
한 소녀

그 소녀
마음 속엔
조그마한
무덤이

그 허술한 무덤에는
꽃 하나 없구나.

그 무덤 속에는
비둘기의 성한 시체

그 굳은 몸뚱이엔
조그마한 싹의 움틈

싹에는 눈이 없구나
놀이여 소녀는 눈멀었단다.

흰 소금 되리라

목욕제게하는 정성으로
온몸을 좋이 씻고
비누향내 채 가시기 전에
비취색 속옷으로
부드러움 드러내며

곱게 빗은 머리단
연자주 빛
갑사 댕기로
새 신부로 단장하여
님을 맞이 하여
빛나는 설움의
둘레에
흰 소금 되리라.

너를 사랑해도 되겠니

고궁에서

네 귀에 풍경소리 태고를 안아 있고
영욕의 시비곡절 버무려져 씻겼는데
검붉은 석양에 찌든 연꽃이 타고 있다.

고요가 물살짓는 임자잃은 고궁 별채
허술한 조각마다 맺힌 한이 서리어
암연히 잠든 꿈 안고 우수 속에 말 없다.

화사한 모습들이 사려져간 자욱자욱
시간은 너를 두고 아쉬움을 머금은채
이토록 아련스러히 변하기만 하는가.

너를 사랑해도 되겠니

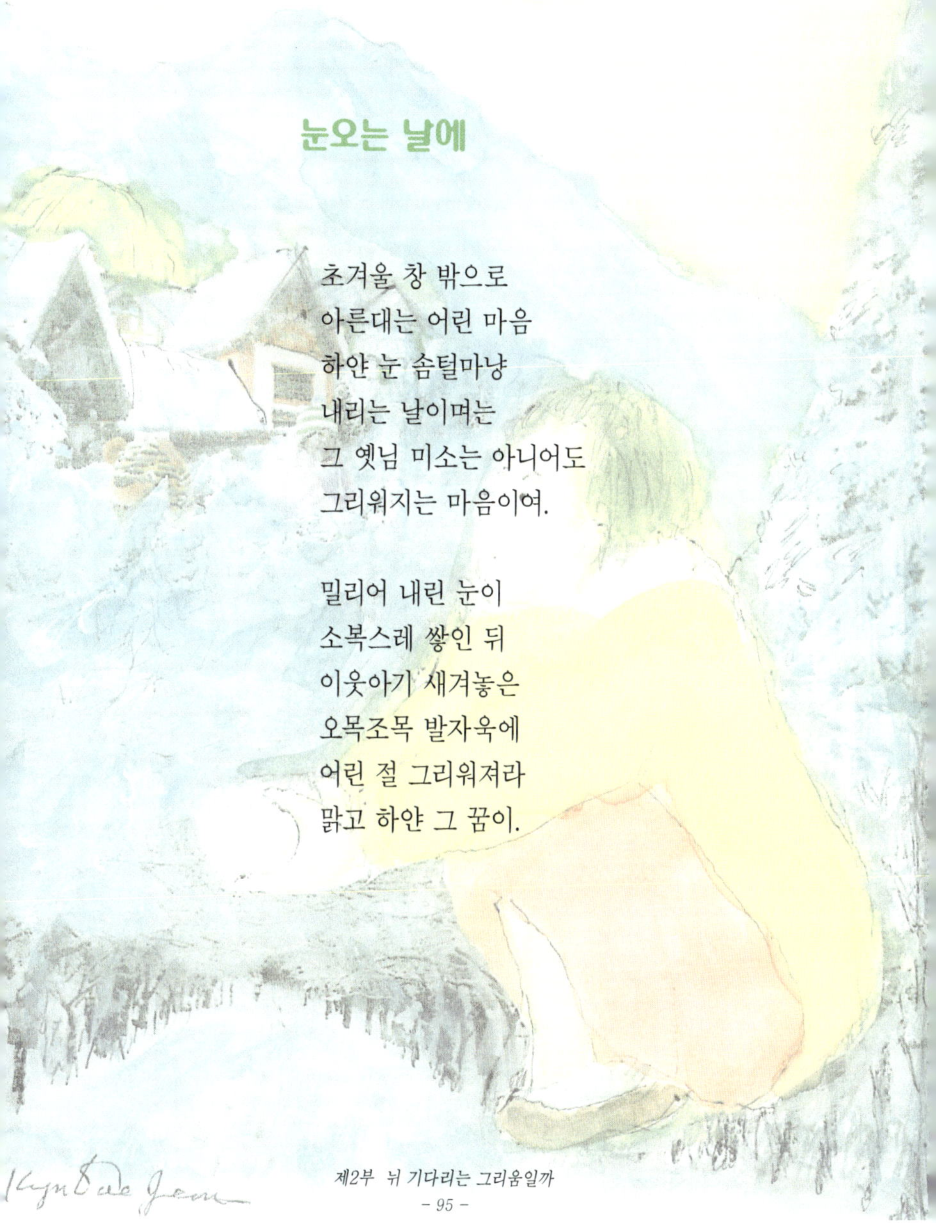

눈오는 날에

초겨울 창 밖으로
아른대는 어린 마음
하얀 눈 솜털마냥
내리는 날이며는
그 옛님 미소는 아니어도
그리워지는 마음이여.

밀리어 내린 눈이
소복스레 쌓인 뒤
이웃아기 새겨놓은
오목조목 발자욱에
어린 절 그리워져라
맑고 하얀 그 꿈이.

선율

드비시의 '아라베스크' 제1번이
조금은 지친 듯이 흐르면서
상큼한 손 끝에 닿아 첫눈처럼 소담스러워
그립다

하늘이 썰렁해지더니
때로는 느리게 때로는 빠르게
쌓인 시간의 밑바닥을
흐른다

이따금 이쪽으로
그러다 다시 저편으로 초롱초롱한 눈망울
희미한 그림자 한폭의 그림되어
박힌다

눈에 맺힌 노을빛덩이는
손바닥에 온기를 남기고
퇴색했음직한 사랑이
가을의 꿈을 꿈처럼
교직(交織)한다

제2부 뉘 기다리는 그리움일까

너를 사랑해도 되겠니

황혼

태양이 숨겨가는 싸늘한 으스름 속
잿빛난 구름다리의 슬픔은 가칫하게 아리는데
그늘진 아픔을 안은 황혼 길이 마냥 멀구나.

초점 잃은 항구의 서글픔 꿈들이
흐느끼며 춤추는 요정 나래에 타오르고
응결진 핏빛바다를 가르는 유람선이 허허로워.

하늘가 붉게 타는 여항을 응시하며
쓰리게 밀려오는
공허를 달래보나
요정이 노래하는 바다의 악장에
황혼 뒤가 무섭다.

　　　－도쿄 유리 가모메에서

꽃밭을 보며
－요양원에서

꽃은 씨앗 속에 숨어 있고
씨앗은 오늘 속에 숨어 있다

반짝 빛이더니 다시 어둠이 오고
나타나면 꽃이요 들어가면 열매요

잠들면 씨앗되느니
지지 않는 꽃은 꽃이 아니다

제2부 뉘 기다리는 그리움일까

너를 사랑해도 되겠니

전철

붐비는 전철엔 땀내나는 살갗의 아우성

자동문이 닫히자 모두가 제각기
홀로 되어 자리에 앉는다

창밖에는 차 안
차내의 그 밖에도 차 안
펼쳐진 신문이 창문이 된다

혼자서 들만한 무게만이
바깥을 향해 열리는 문이 된다
화사한 외풍 탓으로 회화된 토속 귀신이
나마자기마냥 흐느적거리며
마들가지에 즐들고 있다.

도시의 잡답 속에서
걸레쪽 같은 인간사가 잡히는 차내
젊은 날 망아지처럼
명멸하는 차 안과 그 바깥
그 하나하나에 이어지는
인간 관계가 시금털털하다

－도쿄 신바시역에서

너를 사랑해도 되겠니

최후의 만찬

가스 탱크가 웅크린 달동네에 추적추적 비가 내린다
구멍가게 옆 휴지통 속에 똥개가 뭔가를 뒤적이고
구정물이 흐르는 개울 옆…… 산발한 한 여자가
어설프게 놓인 통나무 다리를 건넌다
새로 단장한 수퍼에 들려 찬거리를 산다
다시 다리를 건너와 허술한
연립주택 2층으로 힘겹게 올라간다
어질어진 방엔 그래도 꽃없는 꽃병들이 있고
굳어진 붓과 유화 튜브가 널렸다.

얼룩진 벽면엔 르노의 그리스도 상, 누드사진 –
베레모를 쓴 채 끼니를 때우고는
시들은 사과를 씹으며 화가는 벽면 그림을 응시한다
그리고는 거울을 들여다 보다 눈물을 흘린다

이튿날, 어둠을 가르고 아침이 오자
탁자 위엔 먹다 남은 밥그릇 씹다 만 사과 조각
수면제 봉지가 뒹구는데
얼룩진 얼굴엔 또 눈물이 흐른다
벽에 걸린 그림은 웃고 있다
창밖엔 여전히 비가 내리고 있다
주택가 공동우물가에 모여앉은 아낙네들은
풋내기 여류화가를 도마 위에 올려 놓는다

가을 여정(旅情)

눈을 떠보니 가을이었다
멀리서 지난 해의 가을이 아니고
더 멀리서 왔다고 한다

지난 해의 가을은 내게 무엇일까
과거로 돌아갈 수도 없고
미래보다도 멀리 있는 가을

가을이 왔다
단풍길을 거닐어 본다
멀리서 왔다고 한다
멀리 가자고 한다

멀리, 아주 멀리
너무 멀어 손 닿을 수 없는
그런 먼 속으로 가자고 한다

하이힐

똑똑 뚜벅 뚜벅
하이힐은 피곤하다

가슴과 둔부를 내민 채
넘어질 듯 위태로운데
아무리 힘겨워도 절룩거리며
여자이고 싶어했다

잔인한 볼록 이데올로기의 희생양
헤스메스의 날개달린 신발
신데렐라의 유리구두
큐핏의 분홍신에 굽이 달린다

너를 사랑해도 되겠니

그리움

올듯만 싶어
어느 누군가
꼭 올듯만
싶은 마음
창 열고 알몸되어
시원스레 기지개 켜면
노곤한 가을 하늘은 사뭇이도 푸르네.

오호라 이런 때에
만나고픈 그리운 이
시름겨운 나에게 꿈을 꾸게 해다오

올듯한 꼭 올듯도 한
그 누가 그리운 날.

꽃

어둠이 밀려가는 이 시각에 너를 보며
한결 더 또렷해진 오롯한 꽃봉오리에
안개속 웃음지으며 다가오는 네 나신.

꽃망울 만겨가며 아침햇살 떠올 무렵
싱그런 웃음 띠고 수줍은 듯 네 모습
너는야 꽃보다 곱게 핀 얼굴로 내 옆에 앉아 있다.

석탑

지긋이 눈을 감고
향피워 올린 숨결
오랜날 구름 마냥
고요히 지난 자취
전설은 안으로 고여
이끼로 돋아 난다.

뻐꾸기 우는 밤엔
수세게 뛰는 가슴
성좌를 가늠하며
가늘게 흐르는 소리
즈믄핼 살아온 오늘
사리되어 서리라.

너를 사랑해도 되겠니

생각의 자락을 놓고

들풀들이 다리 아파
주저앉은 여름 한낮
그림자 밝고 다가오는
볕살의 춤사위에
초록에 겨워 갓 목욕하고 나온
암사슴 목덜미가 눈부시다

하도 옷이 남루하여
하늘 못가리고
모진 비바람에 시달려
귀 찢겨나가고
가지 부러진 채
뱃구멍마저 뚫린 고목아
못난 나무가 선산을 지키느니

눈시려 위오르기 싫거들랑
쇠잔한 집개일망정
애써 잡아들고
이끼낀 속세일랑
훨훨 벗어던지고 살아 보렴

봉정암

새벽 계류 주옥 물빛
그 사이로 붉은 단풍들 우수수 떨어지고
치맛자락 홍엽만산
그 장삼 부여잡고
님따라 오르는 봉정암 산행길로
진리법체 깨어나네
자연의 미묘변화에
돌려지잖는 발길이여

내장사 홍엽

바스락 바스라악…… 홍엽들이 뒹군다
조촐한 가을 바람 서글픈 회한
내장산 가는 길엔 외로움 타는 마음들이 뒹군다.

열두 폭 치맛자락 함포롬한 단풍에 싸여
천왕문을 지나서 정혜루 들어서니
탄허의 달필 편액이 발길을 묶는다

화사턴 여름 날의 노래도 스러지고
에타던 어느 밤의 서정도 가셔지고
어설피 짝 잃어버린 보해미아느이 노래……
분홍빛 내장의 참뜻은?

연가

꽃밭 속 물 웅덩이에
허우적 대는 남정네가
너였구나 하였더니

하늘도 울던 그날
나를 두고 어디 갔나

이제금 이는 그 하소연
날 오란 듯 하구나.

원초에의 동경

피어오르는 살내음속에
익어가는 아련한 그리움

꿈보다 더욱 함초롬한
진하디 진한 원초에의 동경

저 아래
깊은게
아래아래로
억척스레
끌어당긴다

알

　사람은 누구나 몸 속에 알이 있다
　알 표면을 깨끗하고 광채나고 분가루를 바른 여인의 살갗처럼 매끄럽고도 메마르다. 우리들의 머리와 발 끝은 알 속에 맞닿아 있다. 나는 종일토록 알의 곡면을 안에서 바라보며 산다. 손을 뻗치면 알은 조금씩 늘어나고 웅크리면 작아진다. 젊은 날엔 알의 존재를 알지 못했었다. 그 무렵의 내 몸뚱아리는 칼날처럼 예리했으니까. 그러다가 어느 날 창졸간의 입이 납덩이처럼 되어 드디어 알의 존재를 깨닫기 시작했다. 나의 안쪽에 매끄럽게 빛나는 메마른 알갗이 조금씩 보이기 시작했다. 그때부터 바깥을 향해 외칠 필요가 없어졌다 차츰 알 속과의 대화에 길들여지게 되고 나를 감싸는 또 하나의 알을 의식케 됐다. 문득 모든 사람이 알 속에 갇혀 있음을 깨달았다. 알 속에 파묻혀 입이 막히고 눈이 닫히고 거리를 서성이는 사람들 모두가 알 속에 갇혀있다. 플랫폼이나 빌딩의 숲에 갇혀 있다. 무수한 알이 보도, 플랫폼, 빌딩 속에서 붐비고 있다. 숱한 알이 깊은 잠을 기대하고 있다. 바깥 알과 안쪽 알의 알맹이는 같다. 우리는 핵을 같이 하는 두 낱의 알 사이에서 숨쉬고 있다.
　두 알은 우리 개아(個我)를 중심하여 균형을 지키고 있다. 두 알은 서로 부르면서 하나가 되려 안간힘을 쓴다. 거리를 떠도는 숱한 알 속의 또 다른 알은 다시 빛을 내면서 바깥 알을 부르고 있다. 나는 알 표면과 그 곡면의 안쪽을 번갈아 바라보며 한숨을 짓는다.
　이제는 얼어붙을 시간 다시 알을 두드린다.

제2부 뉘 기다리는 그리움일까

마음의 시계

오랜 세월
설합 속에 먼지를 뒤집어 쓴 채
잠들어 있던 빛바랜 시계가
오늘 따라 왜 이리 세삼스러울까

그의 체온을 느끼며
태엽을 감아본다
째깍 째깍
일초, 이초, 삼초,······
십분, 이십분, 삼십분······
시간은 되살아나 시각을 알리지만
내 마음의 시계는 거꾸로 간다

별보다 먼 곳으로 떠나가 버린
그 사람이 느닷없이 산노루되어 나타나
저녁노을의 실루엣을 가르고
청산 가자 졸라 댄다

혼자일 뿐

하지만
당신은
당신 혼자일 뿐

지금
우리에게는
모두가 남의 얼굴 뿐

우리가
동물 이름, 꽃 이름
사람의 이름을
곧잘 외우고 있다 해도

또 지구가
몇 억겁(億劫)을 돌고
다시 되풀이한다 해도
과거에도, 먼 미래에서도
찾을 길 없는 당신

그리고 오늘.

제2부 뉘 기다리는 그리움일까

들국화

기차가 서지 않는
마을을 지날 적엔
사슴 곧 아니라도
이럼없는 여인 있어
부르면 미닫이 화다닥
열음직한 외딴집.

저녁빛 돌아가며
가지 새로 어룽지며
희게 여윈 용마루

첩첩이 묵은 기와
외진 길 아담한 고옥을
딛고 이는 들국화.

봉오리째 묻힌 아픔
넋으로 딛고 일어
이름없는 여인의
소박한 바램으로
가녀린 마음의 눈이 흙속
에 박혔다.

소망
-병상에서

앓고는 있지만
알고는 싶구나

손발은 못쓰지만
영혼의 소리를 내고 싶구나

말문은 막혔지만
온 몸이 악기되어
노래하고 싶구나

잘 움직이지는 못하지만
온 몸을 던져 사랑하고 싶구나
결핍에서 소망의 꽃은 피느니
넉넉하고 싶구나

찰나에서 영겁을 찾아
몇 시간 뒤에 올 지도 모를
소멸을 먹고
고치를 막 벗어난 나비되어

동화속 집

동화 속 그림같은 집이었다
그 집에 내가 살았었다

봄이면 아른아른
나물을 뜯는
여름이면 텀벙거린
개울을 끼고
가을이면 손에 손에
결실을 쥐는
겨울이면 또박또박
겨울 동화를 읊는,

그렇게 옹기종기 알살뜰한
뜨거운 열기로
주거니 받거니 한 백번을……

숲속에서 오순도순
봄 동화를 읊으며

가을이 지나가는 아침에

외오곰 삼켜간
저 뭇별 서러움이
아련히 박꽃에
이슬 맺혀 올 때면
뿌옇게 멀어만 가던 하늘이
마음에 가득하다.

오롯이 높아진
이슥한 하늘빛이
아사달 파묻힌
꽃구름 우러르면
부풀은 감나무 덮힌
고향들 그립다.

제2부 뉘 기다리는 그리움일까

너를 사랑해도 되겠니

선

　점(點)속을 방황턴 선이 몽짜스레 살아 숨쉰다.

　영원히 이어지는 선의 방황, 평면 위를 공간 속을, 한 줄의 선이 지금도 방황하고 있다. 때로는 하늘과 땅을 가르고, 산 자(者)의 윤곽으로 머무르기도 한다. 때로는 종이 위에 꽃색을 칠하기도 한다. 문자(文字)라는 기호를 빌어 나는 지금 스스로의 내면을 선으로 그리고 있지만 모두가 미완성이다. 선의 일부, 선분(線分)이다. 선의 존재는 과정이고 선의 과정, 선의 방황은 결국 점에서 비롯되고 있는 것. 선은 하나의 점(點)에 불과한 것, 내 속에 확실한 반전(反轉)이 일고 있다. 숱한 선이 도시를 긋고 있다. 무수한 선이 도시 공간을 헤매고 있다. 헤아리기 힘든 미완성의 선이 살아서 꿈틀거리고 있다. 선은 공간에 초고층의 빌딩을 짓고 거대한 첨탑을 만들며 기나긴 고속도로를 긋고 있지만, 제각기 형태를 이루고 있을 뿐, 선은 시각을 초극하며 산다. 시간의 흐름도 불가시(不可視)의 한 줄 선이다. 그리하여 세계는 다만 한 줄 선으로 구축된다. 무한한 선을 느끼면서 그 선을 산다. 선분(線分)을 산다. 성냥곽 같은 빌딩도 뾰족한 첨탑도 곧게 뻗친 고속도로도 선분에 의해 그려진 한 묶음 꿈이다. 한 줄 선에 의해 이룩된 세 개의 극히 일부, 우리는 그것을 살고 끝낸다. 하지만 우리가 긋는 선은 세계와 세계를 잇고 선은 선의 연장인 새로운 선에 의해 지워질 따름. 점을 방황하다 나온 선은 지금도 살아 숨쉬고 있다. 저쪽에 점이 하나 있다. 그렇다 애초에 결과가 있었으니 굳이 결과에 도달하려 애쓸 까닭도 없다.

　조용히 과정으로서의 선을 똑바로 응시하면 된다.

안개비

끝없이 펼쳐진
밤하늘 안개비
당신의 마음을
알파벳으로 찾아본다

비올 때면 우산챙겨
마중나오던 당신
그 안개비에 젖은 추억
촉촉이 젖은 수밀도

못잊어 애태우고
애태우다
뽀얗게 사라진다

님에의 상념

간밤에 꿈길에서
얼핏보고 못본 너를

오늘밤 꿈길에선
내 아니 놓으련다

이 생각 저 생각 틈에
첫 홰치는 닭소리가……

고향의 달밤

고향의 달빛 우는 달밤이 아련해
순이와 별헤이며 거닐던 마을어귀 숲
그다지 곱디고왔던 전설이 되어리네.

달로 정이 피올라 뼈서리로 다가서고
배짜는 다사한 입김이 피어오르면
뒤따라 흘러가는 밤 초생달이 차고나.

아이스크림

삐걱거리는 식탁 위에서
고운 꽃무늬 옷가지를
하나 하나 벗어 던진다

갈비뼈 밑에 결정(結晶)된
땀 소금이 바스락거린다
목구멍 속에선 미풍(微風)이 불고
침을 삼킨다.

스포트라이트의 초점 속에
흔들리는 풍만한 젖가슴을
손자놈이 스푼으로 듬뿍
탐스럽게 떠서 핥는다.

너를 사랑해도 되겠니

눈
－병상에서

그리운 이여
하룻만에
단 하룻만에
세상이 바뀌어 버렸군요
느닷없이 여름이 겨울되어
잎진 나무 사이로 단숨에 함박눈이
십자성을 지워 버렸군요
아, 고향의 눈내린 돌담길……
이 세상 다하기 전에
이 세상 다하지 않은 눈으로
마지막일지도 모를
그 잔인한 것을
그 부드러운 것을
두루 문턱에 기대어
아픈 나날을 접고 있답니다.

* 호루 스노우 마운틴 산장에서 고향 그리며

광안루

버들이 드리운
광한루 오작교

"요렇게 봐도 내 사랑
저렇게 봐도 내 사랑"
알살뜰히 속삭이며
그네 놀이 하던
사랑의 전설 더듬으면

푸른 눈
가득히 시가 고운
그네 아래 연못이
마냥 아아롭구나

산수

산과 물은 산수가 아니다가
세상을 떠나보니
산과 물은 비로소 산수로구나

우뚝 산이다가
푸르다가 붉게 물들다가
나를 벗어 던져 버리고
오리가 노니는 철철 물이다가
계류되어 아래로 아래로 흘러
날로 새로워져
뭇구석을 골고루 적시다가
증발되어 흰 구름이다가
비 되어 내려와 다시 산과 물이 되어지리
홀로 되어지리

고향길

여울지는 사념은
외줄기 울음으로
모처럼 떠올려진
고향어귀 느티나무
가슴엔 느꺼운 전율 일어
급히 옷깃 여미네.

어스름 황혼 길에
낙엽 밟는 바스락 소리
새삼히 생각키는
어머님 드신 나이
한번쯤
불효자식도
착해지고 싶구나.

제2부 뉘 기다리는 그리움일까

禧之伴同月日

만남

숙명의 만남일까
우리의 인연은
준렬한 혹한 속에
알몸을 드러낸
융프라우의 아픔으로
산너머 바다 건너
몇천 몇만리 사이 두고
오고 있는 것을.

눈물로 이어온 나날
질시와 두려움 속에서도
어쩌지 못하고 이루어지는
우리의 만남
그리고 이별.

우리의 만남은
새하얀 알프스
無垢히 하나됨을 위해
남북반구를 넘어
한마리 새라도 되어
날아 가리라 그대 곁으로……

甲申年
聖誕前夜
月湖

■ 시인의 약력

연세대 국문학과 및 동대학원 마침. 문학박사
1953년 공군종군작가단과 함께 「코메트」지 편집 시작품 발표 시작
1960년 한양대 국문과 전임강사
1962년 동아일보 신춘문예로 문단 데뷔
1963년 연세대 교수,
1978년 미국 하버드대, 1979년 컬럼비아대 교환교수
1982년 호주국립대 객원교수로 3년간 한국학 강의
1985년 전주대 학장·비교문화연구소장
1997년 호주 시드니대 연구 교수
현 한국여행작가협회·동서문화연구회 회장 국제 PEN 클럽·현대시인협회 회원

· 수상
한국문학평론가협회상·현대시인상·모더니즘문학상·시조시인협회상 수상·교육 경로상·국민훈장 서훈

· 저서
시집 『석류』(1963), 『백양로』(1965), 『우수의 계절』(1980), 『흙의 신화』(1986), 『네가 낳은 하늘』(1987), 『꿈의 속도』(1990), 『소중한 만남』(1993), 『기억 저편의 바다』(1998), 시선집 『생각의 자락을 놓고』(2003), 『가슴적시며 피어오르는』(2005)
평론집 『문학과 전통』(1963), 유럽문예기행 『커피 한 잔의 풍경』(2003) 등 백여 권

너를 사랑해도 값 10,000원

초판 인쇄 / 2009년 3월 10일
초판 발행 / 2009년 3월 20일
지은이 / 전 규 태
펴낸이 / 최 석 로
펴낸곳 / 서 문 당
주소 / 서울시 마포구 성산동 54-18호 동산빌딩 2층
전화 / 322 4916~8 팩스 / 322-9154
등록일자 / 2001. 1. 10
등록번호 / 제10-2093
창업일자 / 1968. 12. 24

※ 잘못된 책은 바꾸어 드립니다
ISBN 89-7243-629-1